INSTRUMENTOS MUSICALES
Los tambores
Cynthia Amoroso,
Robert B. Noyed,
y John Willis
SPANISH & ENGLISH eBOOKS
AV2 BY WEIGL
ADDED VALUE • AUDIO VISUAL
www.av2books.com

Visita nuestro sitio www.av2books.com e ingresa el código único del libro.
Go to www.av2books.com, and enter this book's unique code.

CÓDIGO DEL LIBRO
BOOK CODE

AVT95385

AV² de Weigl te ofrece enriquecidos libros electrónicos que favorecen el aprendizaje activo.
AV² by Weigl brings you media enhanced books that support active learning.

El enriquecido libro electrónico AV² te ofrece una experiencia bilingüe completa entre el inglés y el español para aprender el vocabulario de los dos idiomas.

This AV² media enhanced book gives you a fully bilingual experience between English and Spanish to learn the vocabulary of both languages.

Spanish

English

Navegación bilingüe AV²

AV² Bilingual Navigation

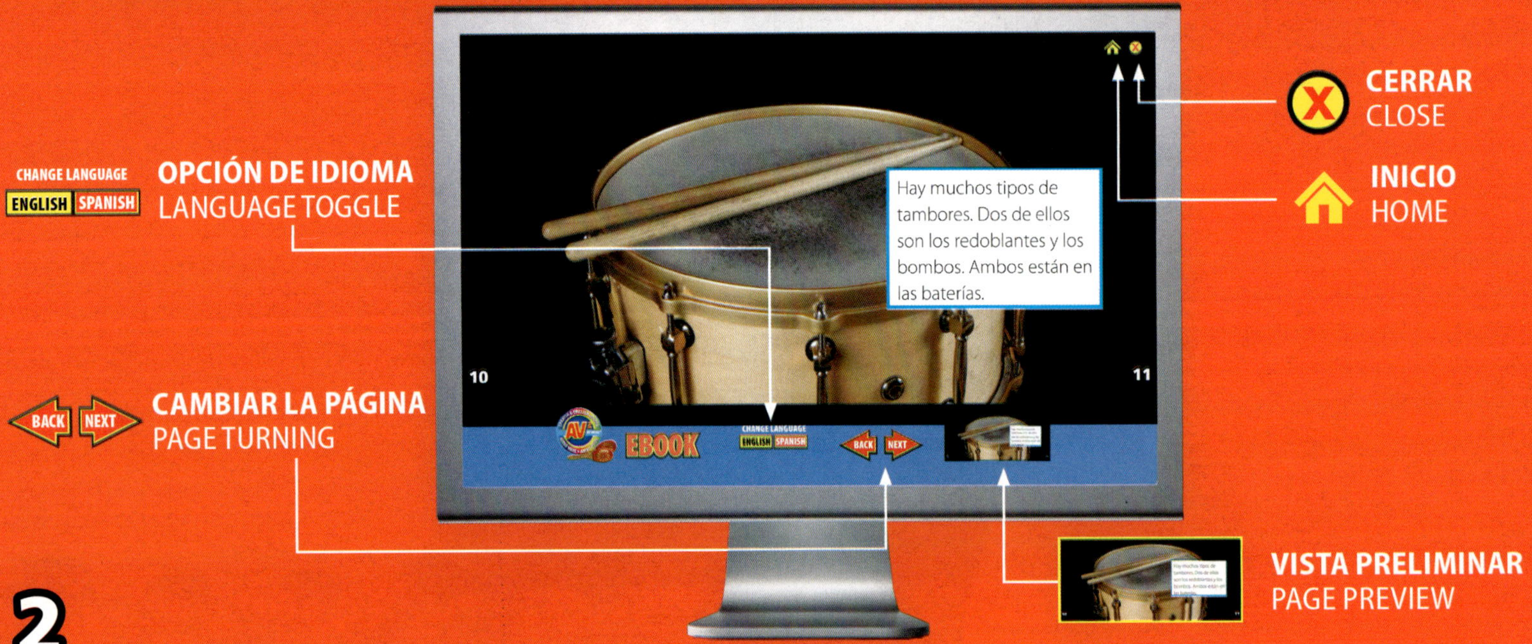

CHANGE LANGUAGE ENGLISH SPANISH **OPCIÓN DE IDIOMA** LANGUAGE TOGGLE

BACK NEXT **CAMBIAR LA PÁGINA** PAGE TURNING

Hay muchos tipos de tambores. Dos de ellos son los redoblantes y los bombos. Ambos están en las baterías.

CERRAR CLOSE

INICIO HOME

VISTA PRELIMINAR PAGE PREVIEW

INSTRUMENTOS MUSICALES
Los tambores
En este libro aprenderás sobre
los tambores
qué son
cómo se tocan
¡y mucho más!

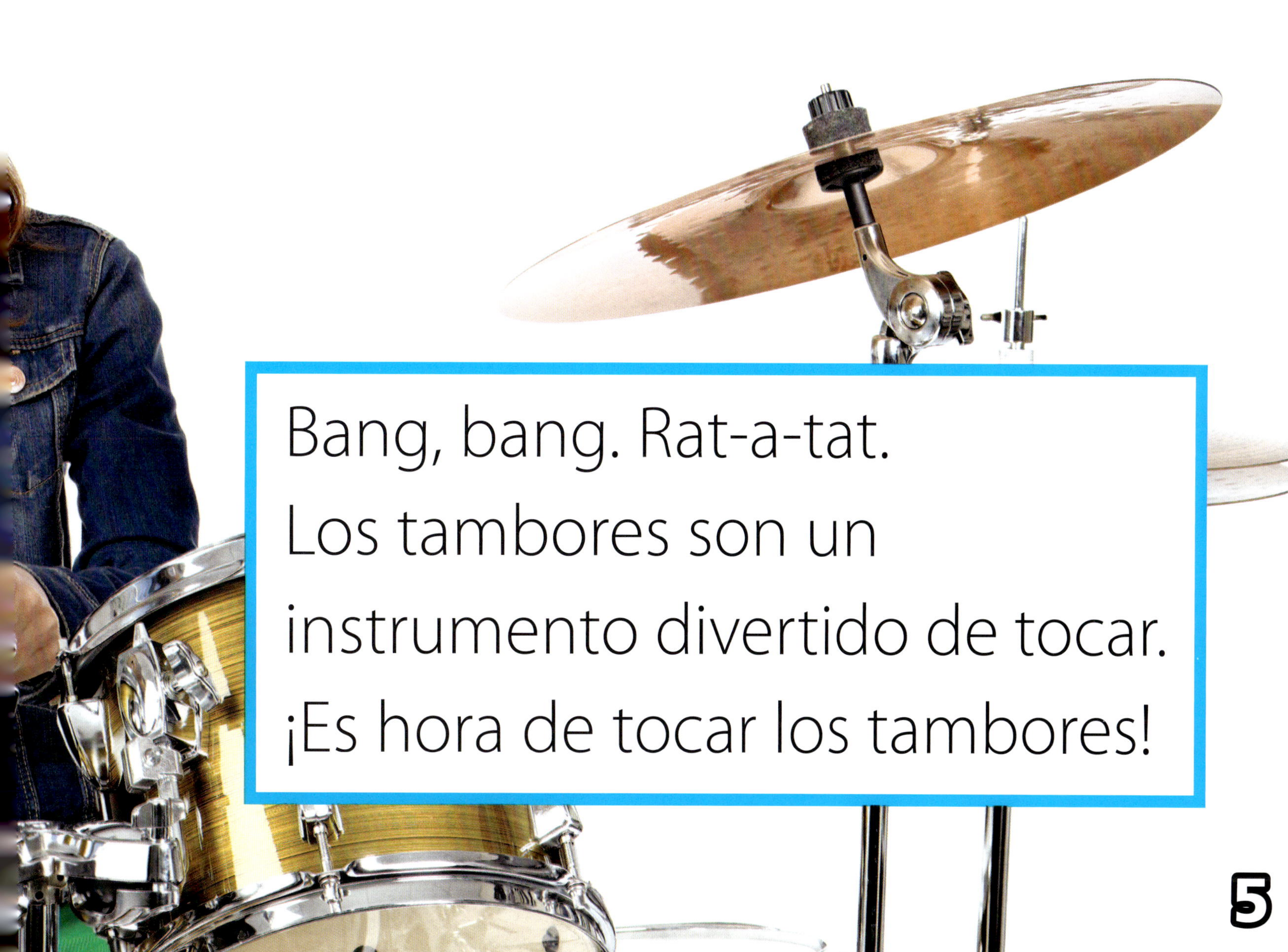

Bang, bang. Rat-a-tat.
Los tambores son un
instrumento divertido de tocar.
¡Es hora de tocar los tambores!

Los tambores pueden tener diferentes formas. Pueden tener forma de tubo o de barril. También pueden tener forma de cáliz.

Algunos tambores son grandes. Otros son pequeños. Se pueden hacer con diferentes materiales. Pueden ser de metal, madera, cuero y plástico.

Los primeros parches de plástico se inventaron hace unos 60 años.

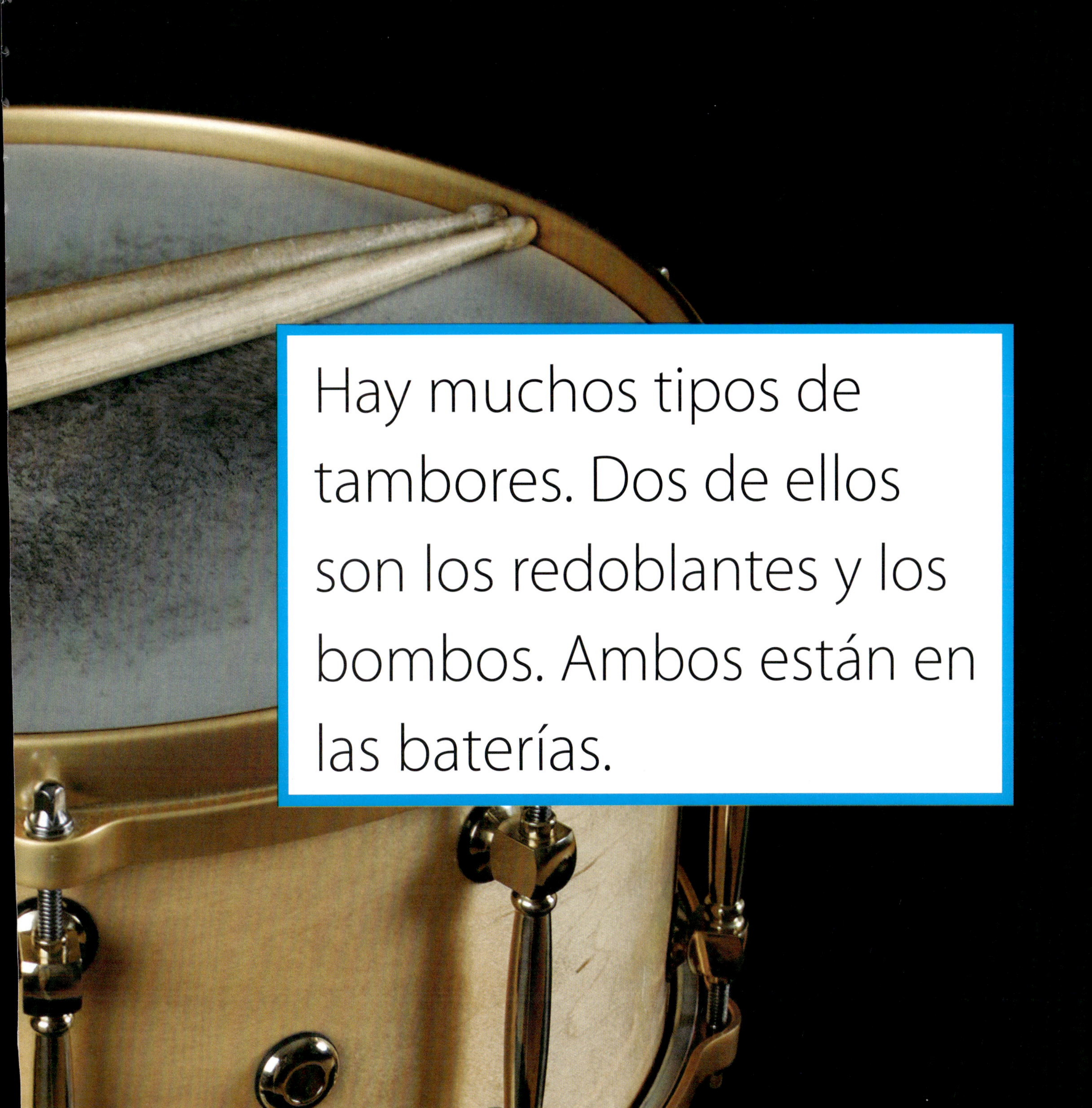

Hay muchos tipos de tambores. Dos de ellos son los redoblantes y los bombos. Ambos están en las baterías.

Los tambores han existido por mucho tiempo. Hace muchos años, la gente enviaba mensajes con tambores. A veces, los ejércitos usaban tambores para ayudar a los soldados.

Uno de los tambores más antiguos que se han encontrado tiene más de 8.000 años.

14

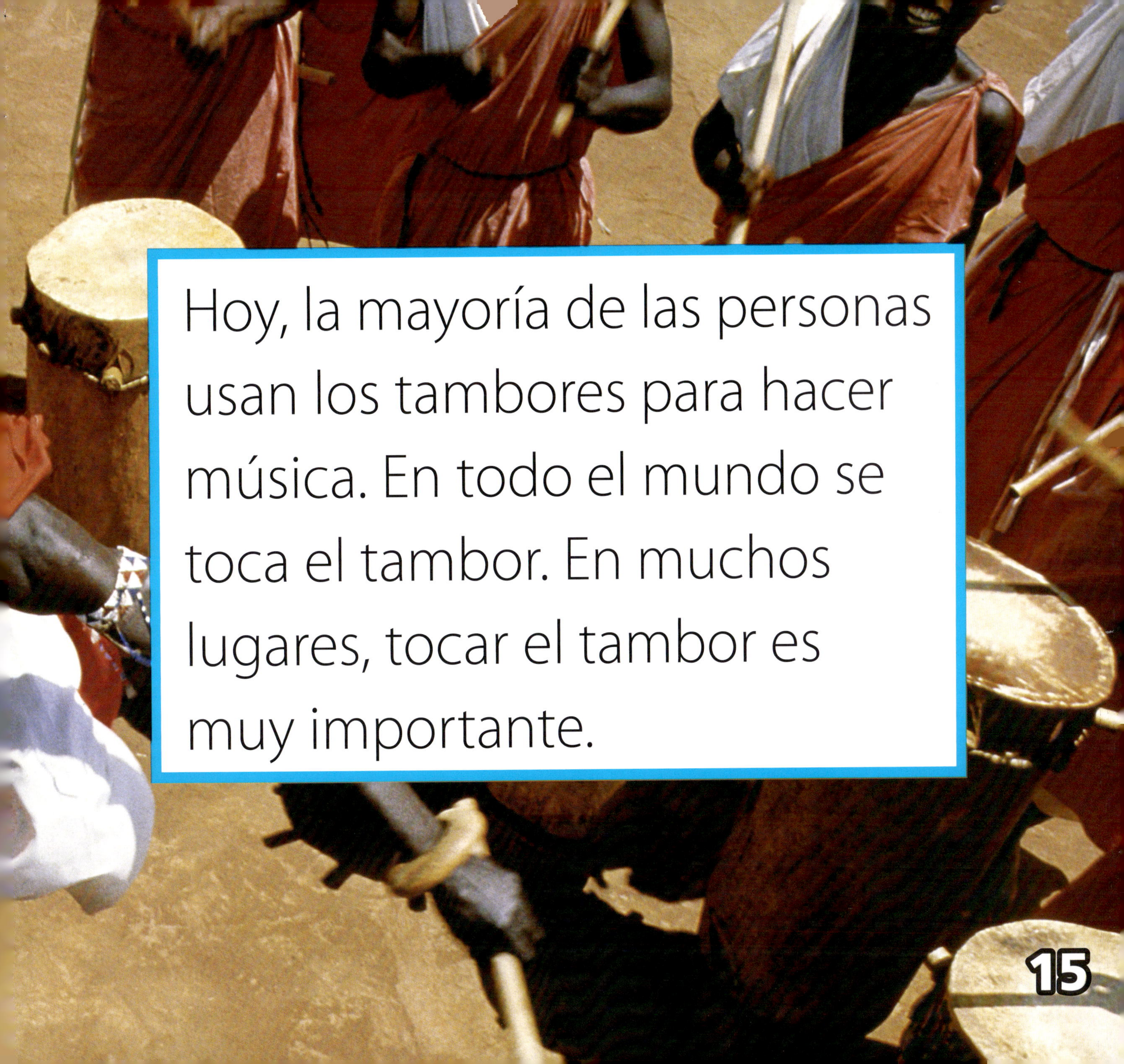

Hoy, la mayoría de las personas usan los tambores para hacer música. En todo el mundo se toca el tambor. En muchos lugares, tocar el tambor es muy importante.

La gente toca el tambor para marcar un ritmo. El redoble del tambor ayuda a los demás instrumentos de la banda. El ritmo puede ser rápido o lento.

Algunos tambores hacen sonidos musicales. Los sonidos pueden ser fuertes o suaves. Las notas pueden ser bajas o altas.

Puedes tocar el tambor con palillos o con las manos. Algunas personas también usan sus pies para hacer sonidos.

Los primeros palillos con punta de nylon se inventaron en 1958.

Veamos lo que has aprendido sobre los tambores.

¿Cuál de estas imágenes no muestra a un tambor?

Published by AV² by Weigl
350 5th Avenue, 59th Floor New York, NY 10118
Website: www.av2books.com

Library of Congress Control Number: 2018931047

ISBN 978-1-4896-7546-0 (hardcover)
ISBN 978-1-4896-7547-7 (multi-user eBook)

Printed in the United States of America in Brainerd, Minnesota
1 2 3 4 5 6 7 8 9 0 22 21 20 19 18

032018
011618

Project Coordinator: John Willis
Spanish Project Coordinator: Sara Cucini
Designer: Nick Newton
Spanish/English Translator: Translation Services USA

Weigl acknowledges Alamy, Dreamstime, Getty Images, iStock, and Shutterstock as the primary image suppliers for this title.